un ex Roi

8° Q

BIBLIOTHÈQUE IMPÉRIALE

DÉPARTEMENT DES IMPRIMÉS.

LISTE DES OUVRAGES

MIS A LA LIBRE DISPOSITION DU PUBLIC

DANS LA SALLE DE TRAVAIL.

PARIS
IMPRIMERIE ADOLPHE LAINÉ
19, RUE DES SAINTS-PÈRES, 19.

1869

	feuillet
Théologie	1
Jurisprudence	2
Sciences (*Sciences philosophiques,* — *naturelles,* — *médicales,* — *mathématiques*). — Beaux-Arts. — Arts et Métiers	2
Belles-Lettres	4
Histoire (*Géographie.* — *Voyages.* — *Histoire universelle.* — *Histoire des religions*	9
Journaux et Recueils périodiques	13

BIBLIOTHÈQUE IMPÉRIALE

SALLE DE TRAVAIL DU DÉPARTEMENT DES IMPRIMÉS.

LISTE DES OUVRAGES

MIS A LA LIBRE DISPOSITION DU PUBLIC.

THÉOLOGIE.

La Sainte Bible, en latin et en françois. *Paris,* 1715, 3 *vol. in-fol.* — (n° 1.)

Concordantiæ Bibliorum sacrorum vulgatæ editionis, cur. et stud. DUTRIPON. *Paris,* 1838, *gr. in-4.* — (n° 1 *bis.*)

Sacrosancta Concilia. *Lut.-Paris.,* 1671-1672, 15 *tom. en* 16 *vol. in-fol.* — Ad Sacrosancta Concilia apparatus. *Lut.-Paris.,* 1672, 2 *vol. in-fol.* — (n° 2.)

Maxima Bibliotheca veterum Patrum. *Lugduni et Genuæ,* 1677-1707, 28 vol. *in-fol.* — Apparatus ad Bibliothecam maximam veterum Patrum, *Paris.,* 1703-1715, 2 vol. *in-fol.* — (n° 3.)

S. AUGUSTINI Opera. *Paris.,* 1679-1690, 10 *tomes en* 14 *vol. in-fol.* — (n° 4.)

S. JOANNIS CHRYSOSTOMI Opera. *Paris.,* 1718-1738, 13 *vol. in-fol.* — (n° 5.)

S. HIERONYMI Opera. *Paris.,* 1693-1706, 5 *vol. in-fol.* — (n° 6.)

TERTULLIANI Opera. *Lut.,* 1634, *in-fol.* — (n° 7.)

Bullarum, privilegiorum ac diplomatum romanorum Pontificum amplissima collectio. *Romæ,* 1739-1744, 14 *tomes en* 23 *vol. in-fol.* — (n° 8.)

Bullarii romani Continuatio. *Romæ,* 1835-1857, 19 *vol. in-fol.* — (n° 9.)

JURISPRUDENCE.

Corpus juris civilis romani academicum parisiense curante Galisset; viie edit. *Paris, 1862, gr. in-4.* — (n° 80.)

Les Codes français, par L. Tripier. *Paris, 1860, gr. in-8.* — (n° 70.)

Nouveau Coutumier général de France, par Bourdot de Richebourg. *Paris, 1724, 4 tomes en 8 vol. in-fol.* — (n° 81.)

Jurisprudence générale du royaume. Répertoire méthodique et alphabétique, par Dalloz. *Paris, 1845-1864, 44 tomes en 46 vol. in-4.* — (n° 68.)

Ordonnances des rois de France. *Paris, 1723-1849, 22 vol. in-fol.* — (n° 171.)

Block. Dictionnaire de l'administration française; 3e tirage. *Paris, 1862, in-8.* — (n° 141.)

Recueil général des anciennes lois françaises, 420-1789, par Jourdan, Decrusy, Isambert. *Paris, 1822-1833, 29 vol. in-8.* — (n° 69.)

SCIENCES ET ARTS.

SCIENCES PHILOSOPHIQUES. — SCIENCES NATURELLES. — SCIENCES MÉDICALES. — SCIENCES MATHÉMATIQUES. — BEAUX-ARTS. — ARTS ET MÉTIERS.

Bacon. Opera omnia. *Hafniæ, 1694, in-fol.* — (n° 207.)

Dictionnaire des sciences philosophiques. *Paris, 1844-1852, 6 vol. in-8.* — (n° 138.)

Block. Dictionnaire général de la Politique. *Paris, 1863-1864, 2 vol. in-8.* — (n° 140.)

Dictionnaire de l'économie politique. *Paris, 1854, 2 vol. in-8.* — (n° 139.)

Mac-Culloch. Dictionnaire du commerce et des marchandises. Paris, 1837-39, 2 vol. in-4. — (n° 143.)

Laboulaye. Dictionnaire des arts et manufactures. Paris, 1845-1847, 2 vol. in-4. — (n° 142.)

Dictionnaire universel d'histoire naturelle, par D'Orbigny. Paris, 1841-1849, 16 vol. in-8. — (n° 15.)

Encyclopédie d'histoire naturelle, par Chenu. Paris, 1851-1860, 23 vol. in-4. — (n° 14.)

Maison rustique du xix° siècle. Paris, 1835-1844, 5 vol. in-8. — (n° 16.)

Le Livre de la ferme et des maisons de campagne, par Joigneaux. Paris, 1863-1865, 2 vol. in-8. — (n° 17.)

Dictionnaire de médecine, par Adelon, Béclard, etc. Paris, 1832-1846, 30 vol. in-8. — (n° 18.)

Dictionnaire de médecine usuelle. Paris, 1849, 2 vol. in-8. — (n° 19.)

Dictionnaire de médecine de Nysten ; 11° édit., rev. et corr. par Littré et Robin. Paris, 1858, 2 vol. in-8. — (n° 20.)

Dictionnaire des sciences mathématiques, par Montferrier. Paris, 1845, 3 vol. in-4. — (n° 21.)

Glossaire nautique, par Jal. Paris, 1848, in-4. — (n° 22.)

Dictionnaire des armées de terre et de mer, par Chesnel. Paris, 1862-1864, 2 vol. in-8. — (n° 23.)

Grammaire des arts du dessin, par Ch. Blanc. Paris, 1867, in-4. — (n° 24.)

Rondelet. Traité théorique et pratique de l'art de bâtir ; 6° éd. Paris, 1830-1832, 7 vol. in-4. — (n° 179.)

Dictionnaire iconographique des monuments de l'antiquité chrétienne et du moyen âge, par Guénebault. Paris, 1843-1845, 2 vol. in-8. — (n° 26.)

Histoire de l'art monumental dans l'antiquité et au moyen âge, par Batissier. Paris, 1860, in-4. — (n° 25.)

BELLES-LETTRES.

Bopp. Grammaire comparée du sanscrit, du zend,... *Berlin,* 1833, *in*-4. — (n° 60.)

Girault-Duvivier. Grammaire des grammaires. *Paris,* 1851, 2 *vol. in*-8. — (n° 59.)

Muller. Vocabulaire du haut-allemand du moyen âge. *Leipzig,* 1866, 4 *vol. in*-4. — (n° 27.)

Schuster et Régnier. Nouveau Dictionnaire des langues allemande et française. *Paris,* 1841-1843, 2 *vol. in*-8. — (n° 29.)

Mozin. Dictionnaire complet des langues française et allemande; 3ᵉ édit. *Stuttgart,* 1842-1859, 5 *vol. in*-4. — (n° 28.)

Sadler. Nouveau Dictionnaire portatif anglais-français et français-anglais; 4ᵉ édit. *Paris,* 1847, *in*-12.— (n° 32.)

Baretti. A Dictionary of the English and Italian languages. *London,* 1761, 2 *vol. in*-4. — (n° 30.)

Johnson. A Dictionary of the english language; 4th ed. 1773, 2 *vol. in-fol.* — (n° 181.)

Fleming and Tibbins. Royal Dictionary english and french, and french and english. *Paris,* 1841-1844, 2 *vol. in*-4. — (n° 182.)

The Kamoos, or the Ocean, an Arabic Dictionary. *Calcutta,* 1817, 2 *vol. in-fol.* — (n° 184.)

El Okianous. *Constantinople,* 1814-1817, 3 vol. *in-fol.* — (n° 185.)
Traduction en turc du Kamoos.

Freytag. Lexicon arabico-latinum. *Halis Saxon.*, 1830-1837, 4 *vol. in*-4. — (n° 186.)

Morrison. A Dictionary of the chinese language. *Macao,* 1815-1822, 6 *vol. in*-4. — (n° 187.)

Salva. Nuevo Diccionario de la lengua castellana. *Paris,* 1846, *in*-4. — (n° 34.)

Diccionario de la lengua castellana, por la Academia española. *Paris,* 1826, *in*-4. — (n° 33.)

*

Canes. Diccionario español-latino-arabigo. *Madrid*, 1787, 3 vol. in-fol. — (n° 183.)

Bianchi. Dictionnaire français-turc; 2° éd. *Paris*, 1843-1846, 2 vol. in-8. — (n° 58.)

Quicherat. Dictionnaire français-latin; 5° tirage. *Paris*, 1861, in-8. — (n° 52.)

Noel. Dictionnaire français-latin; nouv. éd. *Paris*, 1843, in-8. — (n° 50.)

Alberti. Grand Dictionnaire français-italien [et italien-français]. *Milan*, 1826-1828, 2 vol. in-4. — (n° 198.)

Le Nouvel Alberti, dictionnaire encyclopédique français-italien [et italien-français]. *Milan*, 1855-1859, 2 vol. in-4. — (n° 199.)

Barberi. Grand Dictionnaire français-italien et italien-français. *Paris*, 1838-1839, 2 vol. in-4. — (n° 48.)

Marin. Dictionnaire françois et hollandois; 5° éd. — Hollandois et françois; 4° éd. *Rotterdam*, 1768-1782, 2 vol. in-4. — (n° 47.)

Planche. Dictionnaire français-grec; nouv. éd. *Paris*, 1845, in-8. — (n° 45.)

Courtaud-Diverneresse. Dictionnaire français-grec. *Paris*, 1558, in-4. — (n° 44.)

Le Gonidec. Dictionnaire breton-français. *Saint-Brieuc*, 1850, in-4. — (n° 40.)

Le Gonidec. Dictionnaire français-breton. *Saint-Brieuc*, 1847, in-4. — (n° 39.)

Boiste. Dictionnaire universel de la langue française; 6° édit. *Paris*, 1823, in-4. — (n° 37.)

— 10° édit. *Paris*, 1841, in-4. — (n° 38.)

Dictionnaire de l'Académie française; 6° édit. *Paris*, 1835, 2 vol. in-4. — (n° 36.)

Dominguez. Diccionario universal francès-español, español-francès. *Madrid*, 1845-1846, 6 vol. in-8. — (n° 35.)

Wilson. A French and English Dictionary. *London*, 1823, in-4. — (n° 31.)

Babault. Dictionnaire français et géographique; 2° éd. *Paris*, 1846, 2 vol. in-8. — (n° 156.)

Bescherelle. Dictionnaire national. *Paris,* 1845-1846, 2 *vol. in*-4, — (n° 188.)

Furetière. Dictionnaire universel. *La Haye,* 1727, 4 *vol. in-fol.* — (n° 189.)

Landais. Dictionnaire général et grammatical des dictionnaires français; 3ᵉ éd. *Paris,* 1836, 2 *vol. in*-4. — (n° 190.)

Ménage. Dictionnaire étymologique de la langue françoise. *Paris,* 1750, 2 *vol. in-fol.* — (n° 191.)

Nicot. Thrésor de la langue françoise, tant ancienne que moderne. *Paris,* 1606, *in-fol.* — (n° 192.)

Poitevin. Nouveau Dictionnaire universel de la langue française. *Paris,* 1856-1860, 2 *vol. in*-4. — (n° 193.)

Richelet. Dictionnaire de la langue françoise ancienne et moderne. *Paris,* 1728, 3 *vol. in-fol.* — (n° 194.)

Dictionnaire universel français et latin, vulgairement appelé *Dictionnaire de Trévoux;* nouv. éd. *Paris,* 1771, 8 *vol. in-fol.* — (n° 195.)

Gaisford. Etymologicon magnum. *Oxonii,* 1848, *in-fol.* — (n° 180.)

Alexandre. Dictionnaire grec-français ; 2ᵉ éd. *Paris,* 1830, *in*-8. — (n° 42.)

— 11ᵉ éd. *Paris,* 1848, *in*-8. — (n° 43.)

Duncan. Novum Lexicon græcum, emend. Rost. *Lipsiæ,* 1836, *in*-4. — (n° 41.)

Stephanus (H.). Thesaurus græcæ linguæ. Edid. Hase, Sinner et Fix. *Paris,* 1831-1865, 9 *vol. in-fol.* — (n° 196.)

Guarin. Lexicon hebraïcum. *Lut.-Paris.,* 1746, 2 *vol. in*-4. — (n° 46.)

Pagninus. Thesaurus linguæ sanctæ, sive Lexicon hebraïcum. *Col. Allobr.,* 1614, *in-fol.* — (n° 197.)

Quicherat. Thesaurus poeticus linguæ latinæ. *Paris.,* 1850, *in*-8. — (n° 54.)

Boudot. Dictionarium universale latino-gallicum. *Tarascone,* 1818, *in*-8. — (n° 53.)

Quicherat et Daveluy. Dictionnaire latin-français; 12ᵉ tirage. *Paris,* 1859, *in*-8. — (n° 54.)

Noel. Nouveau Dictionnaire latin-français. *Paris*, 1807, *in*-8. — (n° 49.)

Novus linguæ et eruditionis romanæ thesaurus, post R. Stephani... curas, digest. a Gesnero. *Lipsiæ*, 1749, 4 *vol. in-fol.* — (n° 200.)

Forcellini. Totius latinitatis Lexicon. *Lipsiæ*, 1835, 2 *vol. in-fol.* — (n° 201.)

Freund. Grand Dictionnaire de la langue latine, trad. par Theil. *Paris*, 1855-1865, 3 *vol. in*-4. — (n° 202.)

Du Cange. Glossarium mediæ et infimæ latinitatis, cum supplementis Carpentarii, digest. a G. A. L. Heuschel. *Paris.*, 1840-1850, 7 *vol. in*-4. — (n° 203.)

Johnson. A Dictionary persian, arabic and english. *London*, 1852, *in-fol.* — (n° 204.)

Roquette. Nouveau Dictionnaire portugais-français. *Paris*, 1863, *in*-8. — (n° 55.)

Williams. Dictionary english and sanskrit. *London*, 1851, *in*-4. — (n° 205.)

Burnouf et Leupol. Dictionnaire classique sanscrit-français. *Nancy*, 1863, *in*-8. — (n° 56.)

Kieffer et Bianchi. Dictionnaire turc-français. *Paris*, 1835-37, 2 *vol. in*-8. — (n° 57.)

Anthologia græca, ed. de Bosch. *Ultraj.*, 1795-98, 3 *vol. in*-4. — (n° 61.)

OEuvres de Boileau, Malherbe et J.-B. Rousseau. *Paris*, 1835, *in*-4. — (n° 62.)

Corneille. OEuvres complètes. *Paris*, 1837, 2 *vol. in*-4. — (n° 63.)

Molière. OEuvres. *Paris*, 1833, *in*-4. — (n° 65.)

Racine. OEuvres. *Paris*, 1853, *in*-4. — (n° 64.)

Shakespeare. The Works, collat. by Pope. *London*, 1725, 7 *vol. in*-4. — (n° 206.)

Scriptorum græcorum Bibliotheca. *Paris., Didot*, 1838 *et seq.* 54 *vol. in*-4. — (n° 120.) *En cours de publication.*

Collection des auteurs latins, avec la traduction en français, publ. sous la direction de Nisard. *Paris*, 1837-50, 27 *vol. in*-4. — (n° 121.)

Panthéon littéraire. *Paris,* 1835-60, 51 *vol. in*-4. — (n°122.)

Académie française. Discours, rapports, etc. 1847, *in*-4. — (n° 116).

Académie des sciences morales et politiques. Mémoires. *An XII*-1865 *et ann. suiv.,* 19 *vol., in*-4. — (n°ˢ 113-115.) *Continuent à paraître.*

Académie des sciences. Histoire et mémoires, 1666-1867, 297 *vol. in*-4. — (n°ˢ 98-111.) *Continuent à paraître.*

Académie des Inscriptions et Belles-Lettres. Histoire et mémoires, 1701-1867, 89 *vol. in*-4. — (n°ˢ 93-97.) *Continuent à paraître.*

Histoire littéraire de la France. *Paris,* 1733-1869, 25 *vol. in*-4. — (n° 117.) *En cours de publication.*

Journal des savants, 1816-1867. *Paris,* 1816 *et suiv.*, 53 *vol. in*-4. — (n° 119.) *Continue à paraître.*

Notices et extraits des manuscrits de la Bibliothèque du roi. *Paris,* 1787-1868, 24 *vol. in*-4. — (n° 118.) *En cours de publication.*

Annuaire encyclopédique. *Paris,* 1859-1868, 8 *vol. in*-4. — (n° 144.) *Continue à paraître.*

Conversations-Lexicon; x¹ᵉ Aufl. *Leipzig,* 1851-1855, 16 *vol. in*-8. — (n° 127.)

Dictionnaire de la Conversation; 2ᵉ *éd. Paris,* 1853-60, 16 *vol. in*-4. — (n° 134.)

Bachelet et Dezobry. Dictionnaire général des lettres, des beaux-arts et des sciences morales et politiques. *Paris,* 1862, 2 *vol. in*-4. — (n° 135.)

Bouillet. Dictionnaire universel des sciences, des lettres et des arts. *Paris,* 1854, 2 *vol. in*-8. — (n° 136.)

Dupiney de Vorepierre. Dictionnaire français illustré et Encyclopédie universelle. *Paris,* 1860-64, 2 *vol. in*-4. — (n° 133.)

Corneille (Thomas). Dictionnaire des arts et des sciences; nouv. édit. *Paris,* 1732, 2 *vol. in-fol.* — (n° 209.)

Encyclopédie ou Dictionnaire raisonné des sciences, des arts et des métiers, publié par Diderot et D'Alembert. *Paris,* 1751-1780, 35 *vol. in-fol.* — (n° 208.)

Encyclopédie des gens du monde. *Paris,* 1833-1844, 22 *vol. in*-8. — (n° 129.)

Encyclopédie méthodique. *Paris,* 1787-90, 205 *vol. in*-4. — (n° 152.)

Encyclopédie moderne. *Paris*, 1846-63, 44 *vol. in*-8. — (n° 128.)

Encyclopédie nationale. *Paris,* 1851-53, 4 *vol. in*-4. —(n° 131.)

Encyclopédie nouvelle, publ. sous la direction de P. Leroux et J. Reynaud. *Paris*, 1839-42, 8 *vol. in*-4. — (n° 130.)

Ersch et Gruber. Encyclopédie universelle des sciences et des arts. *Leipzig*, 1818-1864, 138 *vol. in*-4. — (n° 126.) *En cours de publication.*

~~The Encyclopædia Britannica, 7th ed. Edinburgh, 1842, 21 vol. in-4~~ Retiré
~~— (n° 125.)~~

The English Cyclopædia, conduct. by Knight. *London,* 1856-1862, 23 *vol. in*-4. — (n° 124.)

Instruction pour le peuple. Cent traités. *Paris,* 1848-50, 2 *vol. in*-4. — (n° 132.)

La Harpe. Lycée, ou Cours de littérature ancienne et moderne. *Paris,* 1834, 2 *vol. in*-4. — (n° 123.)

~~Rotteck et Welcker. Dictionnaire politique. Altona, 1834-43,~~ Retiré
15 *vol. in*-8. — (n° 146.)

Fénelon. OEuvres. *Lyon,* 1843, 4 *vol. in*-4. — (n° 66.)

Voltaire. OEuvres. *Paris,* 1852-1862, 13 *vol. in*-4. — (n° 67.)

HISTOIRE.

GÉOGRAPHIE. — VOYAGES. — HISTOIRE UNIVERSELLE.
HISTOIRE DES RELIGIONS.

Baudrand. Dictionnaire géographique et historique. *Paris,* 1705, 2 *vol. in-fol.* — (n° 84.)

Th. Corneille. Dictionnaire universel géographique et historique. *Paris,* 1708, 3 *vol. in-folio.* — (n° 85.)

Bruzen de la Martinière. Le Grand Dictionnaire géographique, historique et critique. *Paris,* 1739-41, 6 *vol. in-fol.* — (n° 86.)

Dictionnaire géographique universel. *Paris,* 1823-33, 10 *vol. in*-8. — (n° 162.)

Bescherelle. Grand Dictionnaire de géographie universelle; nouv. éd. *Paris*, 1865, 4 *vol. in*-4. — (n° 154.)

Quicherat. Vocabulaire des noms géographiques, mythologiques et historiques de la langue latine. *Paris*, 1846, *in*-8. — (n° 159.)

Malte-Brun. Géographie universelle, rev. par Cortambert. *Paris*, 1856-60. 8 *vol. in*-4. — (n° 155.)

Balbi. Abrégé de géographie; 3ᵉ édition. *Paris*, 1850, *in*-8. — (n° 161.)

Bayle. Dictionnaire historique et critique; 3ᵉ éd. *Rotterdam*, 1720, 4 *vol. in-fol.* — (n° 87.)

Moréri. Le Grand Dictionnaire historique; nouv. éd. *Paris*, 1759, 10 *vol. in-fol.* — (n° 88.)

Biographie universelle; nouv. éd. *Paris*, 1854-65, 45 *vol. in*-4. — (n° 71.)

Nouvelle Biographie générale. *Paris*, 1862-1866, 46 *vol. in*-8. — (n° 72.)

Biographie universelle des contemporains. *Paris*, 1834, 5 *vol. in*-8. — (n° 73.)

Vapereau. Dictionnaire universel des contemporains, 2ᵉ édit. *Paris*, 1861, 2 *vol. in*-8. — (n° 74.)

Fétis. Biographie universelle des musiciens; 2ᵉ édit. *Paris*, 1860-1865, 8 *vol. in*-8. — (n° 75.)

Bouillet. Dictionnaire universel d'histoire et de géographie; 17ᵉ éd. *Paris*, 1861, 2 *vol. in*-4. — (n° 158.)

Dezobry et Bachelet. Dictionnaire général de biographie et d'histoire; 2ᵉ édit. *Paris*, 1861, 2 *vol. in*-4. — (n° 157.)

Montémont. Bibliothèque universelle des voyages. *Paris*, 1833-1836, 46 *vol. in*-8. — (n° 169.)

Nouvelle Bibliothèque des voyages anciens et modernes. *Paris*, 1842, 12 *vol. in*-8. — (n° 170.)

Art (l') de vérifier les dates; 3ᵉ édit. *Paris*, 1738-1787, 3 *vol. in-fol.*

— Avant l'ère chrétienne. *Paris*, 1820, *in-fol.*

— Depuis 1770 jusqu'à nos jours. *Paris*, 1821-1838, 4 *vol. in-fol.* — (n° 83.)

Noel et Planche. Éphémérides politiques, littéraires et religieuses; 2ᵉ éd. Paris, 1803, 6 vol. in-8. — (n° 166.)

Monnais. Éphémérides universelles. Paris, 1828-1833, 13 vol. in-8. — (n° 167.)

Lesur. Annuaire historique. Paris, 1818-1861, 40 vol. in-8. — (n° 168.)

Annuaire des Deux-Mondes. Paris, 1851-1867, 14 vol. in-8. — (n° 145.) Continue à paraître.

Acta Sanctorum quæ collegit J. Bollandus. Antuerp.-Bruxell., 1643-1867, 60 vol. in-fol. — (n° 10.)

Annales ecclesiastici, auct. C. Baronio. Lucæ, 1738-1759, 37 vol. in-fol. — (n° 12.)

Acta Sanctorum Ordinis S. Benedicti. Lut.-Paris., 1668-1701, 9 vol. in-fol. — (n° 11.)

Annales Ordinis S. Benedicti, auct. J. Mabillon. Lut.-Paris., 1703-1739, 6 vol. in-fol. — (n° 79.)

Martigny. Dictionnaire des antiquités chrétiennes. Paris, 1865, in-4. — (n° 153.)

Noel. Dictionnaire de la Fable ; 4ᵉ éd. Paris, 1823, 2 vol. in-8. — (n° 163.)

Montfaucon. L'Antiquité expliquée et représentée en figures. Paris, 1719, 5 tomes en 10 vol. in-fol. — (n° 89.)

— Supplément. Paris, 1724, 5 vol. in-fol.

Gronovius. Thesaurus græcarum antiquitatum. Lugd.-Batav., 1697-1702, 12 vol. in-fol. — (n° 147.)

Corpus inscriptionum græcarum, edid. Boeckius. Berol., 1823-1853, 3 vol. in-fol. — (n° 90.)

Grævius. Thesaurus antiquitatum romanarum. Lugd.-Batav., 1694-1699, 12 vol. in-fol. — (n° 148.)

Pitiscus. Lexicon antiquitatum romanarum. Leovard., 1713, 2 vol. in-fol. — (n° 92.)

Gruterus. Inscriptiones antiquæ totius orbis romani. Amstel., 1707, in-fol. — (n° 91.)

Expilly. Dictionnaire géographique, historique et politique des Gaules et de la France. Paris, 1762-1770, 6 vol. in-fol. — (n° 150.)

Dictionnaire des postes de l'Empire. *Noyon*, 1859, *in-4*. — (n° 160.)

Gallia christiana. *Lut.-Paris.*, 1715-1856, 14 *vol. in-fol.* — (n° 172.)

Anselme (le P.). Histoire généalogique et chronologique de la maison royale de France; 3ᵉ édit. *Paris*, 1726-1733, 9 *vol. in-fol.* — (n° 175.)

Documents statistiques sur la France et Statistique de la France. *Paris*, 1835-1866, 26 *vol. in-fol.* — (n° 177.) *En cours de publication.*

Hénault. Abrégé chronologique de l'histoire de France. *Paris*, 1853, *in-4*. — (n° 13.)

Recueil des historiens des Gaules et de la France. *Paris*, 1738-1865, 22 *vol. in-fol.* — (n° 151.)

Sauval. Histoire et recherches des antiquités de la ville de Paris. *Paris*, 1724, 3 *vol. in-fol.* — (n° 174.)

Félibien. Histoire de la ville de Paris. *Paris*, 1725, 5 *vol. in-fol.* — (n° 173.)

Muratori. Rerum italicarum Scriptores. *Mediol.*, 1723-1751, 25 *vol. in-fol.* — (n° 149.)

Rymer. Fœdera, conventiones, literæ et acta publica; edit. sec. *Londini*, 1727, 17 *vol in-fol.* — (n° 178.)

Sharp. New Gazetteer, or topographical Dictionary of the British Islands. *London*, 1852, 2 *vol. in-8.* — (n° 165.)

Paterson's Roads; 18ᵗʰ ed. *London*, s. d., *in-8*. — (n° 164.)

Noel et Carpentier. Nouveau Dictionnaire des origines, inventions et découvertes; 2ᵉ éd. *Paris*, 1833-1834, 4 tomes en 2 *vol. in-8.* — (n° 137.)

Brunet. Manuel du libraire; 5ᵉ éd. *Paris*, 1860-1866, 6 *vol. in-8*, — (n° 78.) — *Un second exemplaire du tome VI.*

Le Long. Bibliothèque historique de la France; nouv. éd. *Paris*, 1768-1778, 5 *vol. in-fol.* — (n° 176.)

Quérard. La France littéraire. *Paris*, 1827-1864, 12 *vol. in-8*. — (n° 76.)

Quérard. La Littérature française contemporaine. *Paris*, 1840-1857, 6 *vol. in-8*. — (n° 77.)

JOURNAUX ET RECUEILS PÉRIODIQUES

SUR PLANCHETTES.

(Les derniers numéros reçus par le dépôt légal.)

Annales des voyages.
Archives des missions scientifiques et littéraires.
Athenæum (the).
Bibliothèque de l'École des Chartes.
Bulletin de l'Académie impériale de médecine.
Bulletin de la Société de géographie.
Compte-rendu des séances de l'Académie des inscriptions.
Compte-rendu des séances de l'Académie des sciences.
Göttingische gelehrte Anzeigen.
Journal asiatique.
Journal de mathématiques, par LIOUVILLE.
Journal des économistes.
Journal des savants.
Journal du Palais.
Literarisches Centralblatt.
Revue maritime et coloniale.
Rivista contemporanea.
Séances et travaux de l'Académie des sciences morales.
Spectateur militaire.

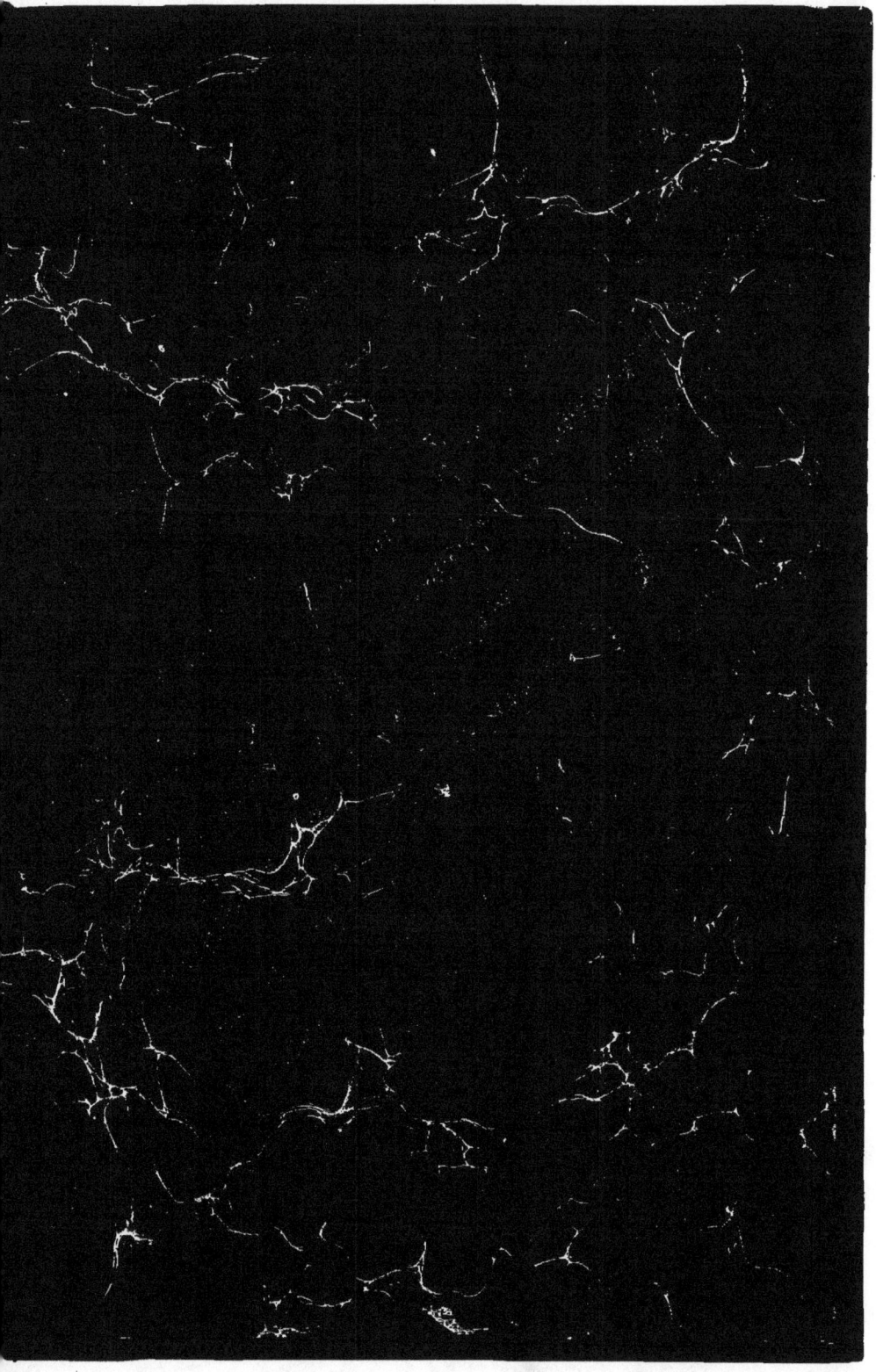

www.ingramcontent.com/pod-product-compliance
Lightning Source LLC
Chambersburg PA
CBHW060943050426
42453CB00009B/1115